LA RÉSISTANCE
1939-1945

— Combattre pour sauvegarder la liberté

par Stéphanie Simonnet

50MINUTES

LA RÉSISTANCE DURANT LA SECONDE GUERRE MONDIALE

- **Quand ?** De 1939 à 1945.
- **Où ?** Dans la quasi-totalité de l'Europe.
- **Contexte ?** La Seconde Guerre mondiale et l'occupation allemande.
- **Quelques protagonistes importants ?**
  - Charles de Gaulle, général et homme d'État français (1890-1970).
  - Jean Moulin, homme politique et résistant français (1899-1943).
  - Witold Pilecki, militaire et résistant polonais (1901-1948).
  - Libertas Schulze-Boysen, journaliste et résistante allemande (1913-1942).
- **Répercussions ?** Si la Résistance a participé au succès des différentes actions menées par les Alliés en vue de libérer l'Europe de l'envahisseur nazi, les pertes sont extrêmement lourdes pour un résultat parfois assez mitigé.

Si l'on peut placer sous la même bannière le maquisard, le diffuseur de la presse clandestine, le saboteur gaulliste et la religieuse cachant dans son couvent des enfants juifs, le mouvement qui les rassemble n'en est que plus complexe à décrire. Définir la Résistance est en effet un exercice périlleux tant les engagements et les expériences vécues sont variés dans l'Europe occupée par les Allemands entre 1939 et 1945. Pour l'historien François Bédarida (1926-2001), il s'agit de « l'action clandestine menée, au nom de la liberté de la nation et de la dignité de la personne humaine, par des volontaires s'organisant pour lutter contre la domination [...] de leur pays par un régime nazi ou fasciste » (« L'histoire de la Résistance. Lectures d'hier, chantiers de demain », in *Vingtième*

Siècle, Paris, juillet-septembre 1986). Cette définition a le mérite de mettre en évidence le caractère pluriel du phénomène. Mais pourquoi ces volontaires ont-ils fait le choix d'entrer en résistance ? Qui sont-ils ? Comment s'y sont-ils pris et quelles ont été les conséquences de leur action ?

$$\overline{\overline{\text{CONTEXTE}}}$$

CONTEXTE

LES DÉBUTS DE LA SECONDE GUERRE MONDIALE

Le conflit débute le 1er septembre 1939, suite à l'invasion de la Pologne par l'Allemagne. Cet événement provoque l'entrée en guerre de la France et du Royaume-Uni contre les pays de l'Axe (l'Allemagne nazie, l'Italie fasciste et, à partir du 27 septembre 1940, l'empire du Japon), et ceci en application d'un traité militaire d'assistance mutuelle signé avec la Pologne en 1921. Les années qui suivent, l'Allemagne qui multiplie les victoires sur les Alliés semble invincible. En avril 1940, le Danemark et la Norvège sont envahis. En mai, c'est au tour du Luxembourg, de la Belgique et des Pays-Bas. Au mois de juin, l'armée française est écrasée par la *Wehrmacht* (armée allemande). En septembre 1940 puis en avril 1941, Hitler (1889-1945) envahit l'Égypte, la Yougoslavie et la Grèce pour prêter main-forte à l'Italie de Mussolini en déroute dans ces contrées. Au mois de juin, c'est l'Union soviétique qui est attaquée, elle qui était épargnée jusque-là par le pacte germano-soviétique (accords signés entre le IIIe Reich et l'URSS de Staline concernant la neutralité en cas de conflit entre les deux parties et les puissances occidentales).

Photo de troupes allemandes entrant à Prague en 1939.

À l'origine de ce conflit, les historiens avancent trois grandes causes. D'une part, le règlement insatisfaisant de la Première Guerre mondiale (1914-1918) par des traités de paix, et notamment celui de Versailles, qui suscite rancœur, frustrations et désirs de reconquête chez les vaincus comme chez certains vainqueurs. D'autre part, les conséquences de la crise de 1929 dans les économies fragilisées des anciens belligérants de la Grande Guerre : le chômage et la récession facilitent l'arrivée au pouvoir des nationalistes fascistes (Italie) et nazis (Allemagne), qui mettent en place des politiques d'armement pour tenter de sortir du marasme dans lequel leur pays est plongé. Enfin, les idéologies mises en avant par ces États totalitaires sont en opposition totale avec les démocraties alliées qui redoutent les effets des ambitions expansionnistes et hégémoniques qui animent l'Allemagne et l'Italie.

Signé le 28 juin 1919 par l'Allemagne et les Alliés à l'issue de la Première Guerre mondiale, le traité de Versailles est l'objet de multiples critiques de la part des contemporains et ne sera d'ailleurs pas ratifié par les États-Unis. Les clauses prévues sont en effet beaucoup trop sévères à l'égard des perdants, ce qui exacerbe plus encore leur rancœur. L'Allemagne se sent particulièrement humiliée, d'autant plus qu'elle n'est même pas invitée aux conférences visant à préparer la paix.

Ce traité qualifié de diktat par les Allemands fait d'eux les seuls responsables du conflit et leur impose le versement de 132 milliards de marks-or à la France et à la Belgique au titre de réparations. De plus, le pays perd 68 000 km² de son territoire, dont l'Alsace et la Lorraine (annexées en 1870), une partie de la Prusse orientale démantelée au profit de la Pologne qui gagne ainsi un accès à la mer par le corridor de Dantzig, et la totalité de ses colonies en Afrique. Sa puissance militaire est également anéantie.

Elle n'est toutefois pas la seule nation blessée par le traité de Versailles. L'Italie, qui se trouve dans le camp des vainqueurs, parle d'une « victoire mutilée », n'ayant pas obtenu les territoires promis lors des accords de Londres en 1915 (l'Istrie orientale et la Dalmatie).

LES PREMIERS PAS DE LA RÉSISTANCE

Varsovie, le 27 septembre 1939, 26 jours après l'invasion de la Pologne par la *Wehrmacht*, l'armée polonaise est défaite. En réponse à la grande brutalité dont font preuve les occupants allemands, le général Michał Karaszewicz-Tokarzewski (1893-1964) crée une armée clandestine, l'ébauche de ce qui deviendra l'Armia Krajowa (« l'armée de l'intérieur »), le 14 février 1942. Bras armé du Gouvernement de la république de Pologne exilé en France, son objectif principal est de libérer le pays en préparant un soulèvement national de concert avec les actions des Alliés.

L'armée polonaise est la plus grande organisation de résistance clandestine pendant la Seconde Guerre mondiale. Elle fournit aux Alliés des informations capitales sur le front de l'Est et sur les armes secrètes allemandes. Elle organise également la résistance sur le terrain, réalisant notamment un grand nombre de sabotages, de destructions de trains d'approvisionnement et de centres de liaison allemands.

Quelques mois plus tard, le 18 juin 1940, à plusieurs milliers de kilomètres de là, sur le front de l'Ouest, le général Charles de Gaulle se trouve dans les locaux de la BBC afin d'enregistrer son message à la nation française. Sur un ton solennel, il appelle les Français à poursuivre la lutte contre l'ennemi allemand : « Quoi qu'il arrive, la flamme de la résistance française ne doit pas s'éteindre et ne s'éteindra pas. » (« 1940-1944 la Seconde Guerre mondiale : l'appel du 18 juin », in *Charles-de-Gaulle.org*) Malgré le fait qu'un foyer sur deux dispose d'un récepteur TSF, seule une partie de la population est en mesure d'écouter la radio ce 18 juin, l'autre partie étant plongée dans le chaos de l'exode. Mais le bouche-à-oreille fait son œuvre et plusieurs journaux publient le lendemain des extraits de l'appel qui sera renouvelé par le général sur les ondes les 19 et 22 juin.

L'appel du 18 juin.

Mais la confusion règne au pays. Deux jours plus tôt, le 16 juin, le maréchal Pétain (1856-1951), grand vainqueur de la bataille de Verdun (21 février-19 décembre 1916), a pris le pouvoir et propose la signature d'un armistice à l'Allemagne hitlérienne. En ce printemps 1940, la France est en effet acculée : la *Wehrmacht* est sur la Loire ; sept à huit millions de Français se sont lancés sur les routes en direction du sud afin de fuir l'avancée allemande, suivis par les militaires en déroute et privés de commandement.

UNE EUROPE SOUS OCCUPATION ALLEMANDE

Dès 1941, avec l'invasion des Balkans et de l'Union soviétique, l'Europe est dans sa quasi-totalité sous domination allemande, et est donc contrainte de mettre ses ressources humaines et ses capacités économiques à la disposition du IIIe Reich en vue de soutenir l'effort de guerre. La situation des pays occupés diffère sensiblement selon les objectifs poursuivis par les nazis, dont les projets reposent en grande partie sur l'idéologie raciste développée par Hitler.

L'idéologie hitlérienne

Les grands principes de l'idéologie nazie énoncés par Hitler dans son ouvrage *Mein Kampf* (*Mon combat*), publié en 1925-1926, reposent sur le slogan « *Ein Volk, ein Reich, ein Führer* ! » (« Un peuple, un empire, un guide ! »). Le peuple allemand, qu'Hitler juge supérieur, descendrait des Aryens et se trouverait, de ce fait, au sommet de la classification des races. Celui-ci doit se rassembler autour de son chef, Hitler, pour mieux assurer sa domination sur les autres peuples, inférieurs, et conquérir un espace à sa mesure, le *Lebensraum* (« l'espace vital »). Dans cette classification, il fait apparaître les Juifs et les Slaves dans la catégorie des *untermenschen* (« sous-hommes ») destinés à être éliminés ou réduits en esclavage.

Le Führer considère les pays dominés à l'est comme faisant partie de l'espace vital allemand qu'il convient de « vider » de sa population, afin d'y implanter des colons. En Pologne, en Yougoslavie et en URSS, des massacres de masse et des pillages ont lieu dès les premiers jours de l'invasion. Les populations sont souvent déportées et se voient expropriées de leurs terres au profit des Allemands. Dès septembre 1939, les *Einsatzgruppen* (« groupes d'intervention ») tuent 20 000 personnes en Pologne. En juin 1941, 600 000 hectares sont confisqués en URSS par la SS (*SchutzStaffel*, « escadron de protection ») et plus de deux millions de civils sont transférés de force en Allemagne et placés dans des camps de travail où les conditions sont extrêmement difficiles.

À l'ouest, au contraire, les nazis ne suivent pas la logique de l'extermination, mais pillent les régions et y font naître la terreur. Une fois le pays conquis, les occupants prélèvent un butin de guerre. En Norvège, en Belgique, aux Pays-Bas et en France, les armées sont ainsi forcées de livrer à la *Wehrmacht* armes, munitions, moyens de transport et fortifications. Les pays sont également soumis à des frais d'occupation, ce qui représente pour la France 400 millions de francs par jour.

L'Allemagne nazie qui, avant la guerre, possédait très peu d'or et de devises, met en place dès 1940 un troc entre pays. Ce système, qualifié de *clearing* ou compensation en français, lui permet de se fournir à crédit auprès des pays occupés. En 1945, à la fin de la guerre, la dette que le Reich a contractée est estimée à 16,2 milliards de marks. Elle sera ramenée à 7,5 milliards suite à un accord conclu à Londres le 27 février 1953 entre la RFA (république fédérale d'Allemagne) et les Alliés qui souhaitent permettre la relance économique allemande.

Mais le pillage n'est pas seulement financier, il est aussi humain. Entre 1939 et 1945, environ 400 000 Belges et 650 000 Français sont réquisitionnés dans le cadre du service du travail obligatoire et transférés en Allemagne pour travailler dans les usines et les fermes, auxquels s'ajoutent les prisonniers de guerre (environ deux millions d'hommes). Par conséquent, le quotidien des Européens de l'Ouest est marqué par la pénurie de main-d'œuvre. À cela s'ajoute le manque des denrées les plus indispensables (nourriture, combustibles, textiles, produits ménagers, etc.). Pour la période s'étalant de juin 1940 à juin 1944, les réquisitions allemandes en France s'élèvent à 2,8 millions de tonnes de blé (la moitié d'une récolte annuelle), 845 000 tonnes de viande (soit plus que la consommation de 40 millions de Français pendant l'année 1941), 711 000 tonnes de pommes de terre et 220 millions d'œufs.

En outre, la plupart des pays occupés sont contraints d'instaurer un système de rationnement. Chaque habitant dispose d'une carte grâce à laquelle il peut se procurer une certaine quantité d'aliments, de vêtements, etc., définie selon ses besoins. Mais, les achats ne sont pas pour autant garantis. Il faut affronter les files d'attente devant les boutiques qui sont prises d'assaut bien avant leur ouverture. Chaque jour, des pancartes annoncent dès le matin la rupture de stock de certaines denrées basiques telles que le pain et la viande. Le charbon et l'essence font également défaut : la population doit souvent se contenter de chauffer une seule pièce de son logement lors des hivers rigoureux de ces années d'Occupation, et remplacer la voiture par le train, la bicyclette ou encore la marche. Des cartes sont aussi nécessaires pour obtenir vêtements et chaussures, mais le tissu et le cuir sont rares. C'est pourquoi la plupart des vieilles tenues sont récupérées pour en créer d'autres, et les chaussures usées sont restaurées en y fixant des semelles de bois au moyen de clous.

QUELLES QUANTITÉS POUR SURVIVRE ?

En 1943, en France, un adolescent reçoit quotidiennement 30 grammes de viande, 7 grammes de fromage et 150 grammes de pommes de terre. En 2015, le même adolescent mange 250 grammes de viande, 300 grammes de pommes de terre et environ 40 grammes de fromage. Les rations telles que celles prévues durant la guerre sont bien évidemment insuffisantes, et il est nécessaire de trouver des solutions pour rendre le quotidien plus agréable. Les produits introuvables sont alors remplacés par des succédanés : la saccharine sert de sucre ; les topinambours et les rutabagas, autrefois réservés au bétail, remplacent les légumes ; l'orge grillée ou les glands se substituent au café. Ceux qui ont les moyens recourent au marché noir pour se procurer de la viande, des produits laitiers, des vêtements à des prix exorbitants : jusqu'à 600 francs pour un kilo de beurre dont le prix officiel était de 79 francs avant la guerre, 110 francs pour une douzaine d'œufs vendus officiellement à 36 francs. Entre 1940 et 1944, le régime de Vichy établit plus d'un million de procès-verbaux dans le cadre de la répression du marché noir, ce qui constitue la forme de délinquance la plus répandue. Les contrevenants encourent la traduction devant un tribunal correctionnel et risquent jusqu'à deux ans de prison et 100 000 francs d'amende (loi du 21 octobre 1940).

Mais vivre sous le joug allemand, ce n'est pas uniquement avoir faim, avoir froid et survivre dans des conditions matérielles difficiles, c'est aussi évoluer dans un climat fait de contraintes et alimenté par la peur. Afin de surveiller la population et de limiter les activités clandestines liées à la résistance, le couvre-feu interdit les sorties nocturnes généralement entre 22 heures et 6 heures, et la circulation au sein de certaines zones est strictement contrôlée et nécessite un *Ausweis* (« laissez-passer »). Tout attroupement est interdit, et les contrôles de papiers sont fréquents. Les médias et la culture sont censurés afin d'en faire des outils de propagande allemande. Dès juillet 1940, la radio française Radio Paris qui diffuse ses émissions partout en l'Europe est réquisitionnée par l'occupant, poussant la BBC à adopter comme générique de son émission à destination de la France le slogan « Radio Paris ment, Radio Paris ment, Radio Paris est allemand », avant de diffuser un certain nombre de messages codés destinés à la Résistance intérieure.

Le tableau ainsi dressé de l'Occupation allemande en Europe permet de comprendre l'entrée en résistance d'une partie de la population. Peu nombreux en raison des risques encourus, les résistants sont des hommes et des femmes de tous âges, issus de divers milieux sociaux, aux sensibilités politiques, philosophiques et religieuses différentes.

QUELQUES GRANDES FIGURES DE LA RÉSISTANCE

EN FRANCE

Charles de Gaulle

Charles de Gaulle, général engagé dans la bataille de France en mai 1940, s'oppose à toute paix avec l'Allemagne. Par conséquent, lorsque Pétain demande l'armistice, de Gaulle choisit de s'exiler en Angleterre pour poursuivre le combat. Auteur de l'appel du 18 juin, il œuvrera pendant quatre ans à l'unification des résistants français. Son objectif est de faire reconnaître ces mouvements afin qu'ils deviennent des représentants légitimes de la France auprès des Alliés. En 1943, avec l'aide de Jean Moulin, il crée en France le Conseil national de la Résistance qui regroupe tous les mouvements résistants, et coordonne la lutte contre l'occupant nazi et le Gouvernement de Vichy. En parallèle, il organise la libération du territoire national. Il dote également la France libre d'un gouvernement en exil, le Comité national français, futur Gouvernement provisoire de la République française à la Libération (juin 1944-mai 1945) qui sera reconnu par les Alliés. Le 26 août 1944, lors de la libération de Paris, il fait un triomphe lorsqu'il descend les Champs-Élysées et prononce sa célèbre phrase : « Paris outragé ! Paris brisé ! Paris martyrisé ! Mais Paris libéré ! » (« Discours de l'Hôtel de Ville de Paris, 25 août 1944 », in *Charles-de-gaulle.org*). Dès le 3 septembre 1944, il prend la tête du Gouvernement provisoire et contribue au rétablissement de la démocratie en France.

Photo du retour triomphal de de Gaulle à Paris, le 26 août.

Jean Moulin

Après avoir été radié par le Gouvernement de Vichy de son poste de préfet d'Eure-et-Loir, Jean Moulin décide de rejoindre par ses propres moyens la France libre à Londres en septembre 1941. Il est reçu par Charles de Gaulle à qui il fait un compte rendu de l'état de la Résistance en France et de ses besoins financiers et matériels. Ce dernier l'envoie à Lyon pour unifier les mouvements de la Résistance. Là, il parvient à mettre en place une véritable administration clandestine et devient le principal intermédiaire entre la résistance intérieure et le général de Gaulle dont il fait admettre l'autorité. Le 27 mai 1943, il organise et préside le premier Conseil national de la Résistance qui réunit les chefs de tous les groupes de résistance française. En juin de la même année, il est arrêté à Caluire, dans la banlieue de Lyon, et est conduit au siège de la Gestapo. Torturé, il meurt de ses blessures dans le train qui le transporte en Allemagne le 8 juillet 1943. Un cénotaphe lui est dédié au Panthéon depuis 1964, année de la célébration du 20e anniversaire de la Libération de la France.

EN POLOGNE

Witold Pilecki

Witold Pilecki est, au début de la guerre, officier dans l'armée polonaise qui combat la *Wehrmacht*. Dès le mois de novembre 1939, il crée l'une des premières organisations de résistance dans son pays. Il se fait volontairement prendre par les Allemands dans les rues de Varsovie le 19 septembre 1940 et est aussitôt transféré dans le camp de concentration d'Auschwitz. Son but est à la fois de collecter des informations sur les activités des Allemands pour les transmettre aux résistants polonais et d'organiser un réseau de résistance à l'intérieur même du camp. En outre, il parvient à créer une radio émettrice et fait acheminer des médicaments. Il profite également de sa détention pour inoculer le typhus à des SS en les infectant avec des poux. En octobre 1940, il envoie un premier rapport à Varsovie, transmis en 1941 au Gouvernement britannique, dans l'espoir que les Alliés parachutent des armes sur Auschwitz. En avril 1943, comprenant qu'aucune intervention n'aura lieu, il décide de s'évader pour convaincre personnellement ses supérieurs d'attaquer le camp. Mais l'Armia Krajowa ne dispose pas d'effectifs suffisants. Après la Libération, il luttera contre la dictature mise en place dans son pays par les Soviétiques qui le condamnent à mort et le fusillent en 1948.

<u>**LE SAVIEZ-VOUS ?**</u>

Le rapport de Pilecki est jugé à l'époque comme exagéré par les Alliés. Les Britanniques ne croient pas à l'existence des chambres à gaz et aux millions de victimes avancés par ce dernier. Il s'agit selon eux d'une exagération du Gouvernement polonais en exil à Londres afin d'obtenir un soutien plus actif des Alliés. Il a fallu attendre la fin de la guerre froide (1990) pour que ce rapport dérangeant pour les Alliés fasse l'objet d'un livre en Pologne, puis les années soixante-dix pour qu'il soit traduit en anglais, et 2014 pour qu'il le soit en français. Il n'y a aujourd'hui aucun doute sur la véracité de ce rapport, d'autres sources et les travaux d'historiens du musée d'Auschwitz le corroborent.

EN ALLEMAGNE

Libertas Schulze-Boysen

Libertas Schulze-Boysen est l'épouse du lieutenant Harro Schulze-Boysen (1909-1942), employé au ministère de l'Aéronautique, qui forme avec le conseiller scientifique du Gouvernement Arvid Harnack (1901-1942) une organisation regroupant une centaine d'opposants au IIIe Reich et à la guerre. Profitant de son travail au ministère de l'Éducation du peuple et à la Propagande, elle amasse des informations sur les crimes de guerre nazis afin d'en informer la population allemande via des tracts et des affiches. En liaison dès 1941 avec un agent soviétique, le couple fait passer en URSS de nombreuses informations dont le projet de l'attaque imminente du pays par la *Wehrmacht*. Fin 1942, l'organisation est démantelée par la Gestapo qui lui attribue le nom de « Rote Kapelle » (« l'Orchestre rouge »), Libertas et son mari ainsi que 50 autres personnes sont condamnés à mort et exécutés à Berlin.

LE SAVIEZ-VOUS ?

Pendant longtemps, les femmes sont restées les grandes oubliées de l'historiographie de la Résistance. En France, à la Libération, on ne compte que 6 femmes parmi les 1 059 compagnons de la Libération. Ce n'est qu'en 1975, dans la foulée de la vague féministe, qu'un colloque organisé par l'Union des femmes françaises leur est consacré et valorise leur action dans la résistance quotidienne : secrétaires, infirmières, agents de liaison et même aviatrices, voire chefs de réseaux pour quelques-unes, elles sont celles qui hébergent, nourrissent, cachent et approvisionnent clandestinement les pourchassés.

LA RÉSISTANCE

Au cours de la guerre, la plupart des États européens se décomposent et les institutions disparaissent les unes après les autres. Pour sortir de l'impasse, ils ne peuvent malheureusement pas compter sur une tradition de résistance, excepté la Pologne qui bénéficie d'un héritage de lutte nationale ancien et, dans une certaine mesure, la Belgique et le Nord de la France qui ont été occupés pendant la Grande Guerre. Ceux qui décident de s'engager sont au départ isolés, mais finissent par s'organiser à mesure que le temps passe.

LES DIFFÉRENTES FORMES DE RÉSISTANCE

La Résistance s'articule autour de trois grands modes d'action. D'une part une résistance civile par laquelle la population manifeste son refus de voir son pays occupé. Cette action peut être individuelle, comme l'écoute de radios émettant depuis Londres ou la pratique de la contre-propagande (graffitis, détérioration d'affiches nazies et collaborationnistes, fabrication et diffusion de publications clandestines prenant la forme de tracts, journaux, caricatures, ou encore la non-exécution des ordres issus de l'administration).

LE RÔLE DE LA RADIO DANS LA RÉSISTANCE CIVILE

Radio Londres, programmes de la BBC diffusés en français, qui émet à partir du 19 juin 1940 et qui encourage l'insurrection contre l'occupant, fait rapidement l'objet d'une écoute massive en dépit des graves sanctions encourues pouvant aller de la saisie administrative des appareils à des amendes de 200 à 10 000 francs, jusqu'à l'emprisonnement, voire la déportation. Pour éviter de se faire prendre, les auditeurs doivent faire preuve de prudence durant l'écoute des messages et, lorsqu'ils ne sont pas derrière leurs postes, ceux-ci sont cachés dans une cloison, un placard, un poêle, etc.

En 1941, suite à la défaite de l'offensive aérienne allemande contre l'Angleterre, un animateur de la radio clandestine du Gouvernement belge exilé à Londres propose à ses compatriotes de tracer sur les murs un V, comme Victoire, symbole de ralliement à l'allié anglais. C'est un succès : les villes de Belgique, de France puis de toute l'Europe se couvrent de ce signe, ce qui irrite les gouvernements de collaboration et les Allemands, qui cherchent à punir les auteurs.

AVIS
IMPORTANT.

PENDANT la nuit de Samedi à Dimanche les 28 et 29 Juin 1941 un écriteau militaire allemand fut défiguré et la lettre " V " et autres écrits furent peint sur certaines maisons ainsi que sur des murs et dans la route dans le district du Rouge Bouillon, en la paroisse de St. Hélier.

Nous avons été informés par le Commandant d'Etape que cela constituait de sérieux actes de sabotage et à moins que le ou les coupables se présentent ou soient découverts avant midi demain (Jeudi) le 3 Juillet 1941, les sanctions suivantes seront imposées par le Commandant d'Etapes :

1. Les habitants du district sont appelés à fournir une garde civile de nuit pour éviter le renouvellement de pareils actes.

2. Tous les appareils de radiophonie appartenant aux occupants de ce district seront confisqués, et

3. Une amende sera imposée sur les habitants du district.

Le district affecté est cette portion urbaine des paroisses de St. Hélier et St. Sauveur, située approximativement au Nord de Roussel Street, Great Union Road, Windsor Road, Val Plaisant à Victoria Street, puis Victoria Street, Stopford et St. Saviour's Road.

Ceux pouvant donner des informations qui permettront de découvrir le ou les auteurs des actes en question sont requis de communiquer immédiatement avec le Connétable de St. Hélier ou le Chef de Police de St. Sauveur.

C. W. DURET AUBIN,
Procureur-Général,

C. J. CUMING,
Connétable de St. Hélier.

G. J. MOURANT,
St. Hélier,   Chef de Police de St. Sauveur.
Ce 1er Juillet 1941.

Avis annonçant les mesures prises pour mettre un terme à cette campagne de résistance dans le district Rouge Bouillon, le 1er juillet 1941.

Cette résistance peut aussi être collective et prendre la forme de rassemblements populaires dans l'espace public à des fins patriotiques et de désobéissance civile. Le 14 juillet 1942, dans plusieurs grandes villes françaises de la zone non occupée (Lyon, Marseille, Toulouse, Grenoble, etc.), des milliers de personnes défilent devant les monuments aux morts et sur les places en arborant le drapeau tricolore, au son de la Marseillaise. Les 30 avril et 1er mai 1943, 500 000 Néerlandais entrent en grève contre le Service du travail obligatoire, ce qui permet à 300 000 hommes de pouvoir se soustraire à cette mesure.

Il existe également une résistance organisée en réseaux, tournée d'abord vers le renseignement et les filières d'évasion ensuite vers la lutte armée. Depuis Londres, les Anglais et les Gouvernements en exil envoient des agents recruter des volontaires dans les pays occupés afin de collecter des informations sur l'ennemi. Les Polonais, qui sont plus d'un million à avoir été réquisitionnés, se montrent à cet égard particulièrement efficaces : entre 1939 et 1945, ils sont les auteurs de plus de la moitié des rapports parvenant à Londres, et c'est grâce à eux que l'on prend connaissance dès 1942 de l'existence des fusées allemandes V1 qui seront utilisées contre le Royaume-Uni entre juin 1944 et mars 1945. En sus du renseignement, la nécessité d'organiser des filières d'évasion s'impose dès le mois de septembre 1939. Andrée De Jongh (résistante belge, 1916-2007) est à l'origine du réseau Comète qui, de 1941 à la Libération, permet de faire évader ou de cacher plus de 700 volontaires de guerre, résistants et soldats alliés, dont 288 aviateurs. Dans le même temps, l'Europe voit se multiplier les sabotages et les attentats : dynamitage de voies ferrées, de ponts, de routes, mais aussi actions menées dans les usines afin de ralentir la production ou de dégrader les marchandises destinées à l'occupant, et exécution d'officiers nazis. Tout cela est réalisé en dépit de l'intensification de la répression avec, notamment, l'application de la politique des otages : un attentat visant l'occupant conduit à l'exécution massive de civils. Dans la nuit du 1er au 2 avril 1944, un sabotage ferroviaire stoppe un train transportant un bataillon d'une division blindée SS à Ascq (Nord de la France). Les dégâts sont uniquement matériels, mais le chef du bataillon ordonne la rafle et l'exécution de 86 civils du village. L'émotion est immense et relance la controverse sur l'efficacité de ce genre d'action, ce qui conduit une partie des résistants à préférer l'attentisme.

Enfin, il existe une résistance que l'on peut qualifier d'humanitaire, dont la mission principale est de venir en aide aux victimes de la répression et de la persécution nazie et collaborationniste. Elle est notamment destinée aux prisonniers de guerre qui se sont évadés, aux réfractaires au Service du travail obligatoire, mais également aux Juifs dont la situation est dramatique.

À l'est, en Pologne et surtout dans les zones urbaines, les Allemands dépouillent dès 1940 les Juifs de leurs biens, les regroupent dans des ghettos, dont le plus tristement célèbre est celui de Varsovie, et les astreignent au travail forcé dans les industries d'armement. Suite à la conférence de Wannsee (20 janvier 1942) qui s'est tenue à Berlin, leur destruction systématique est organisée. Six camps d'extermination (Auschwitz, Bełzec, Chełmno, Majdanek, Sobibor et Treblinka) sont construits sur le territoire polonais pour y faire périr des millions de Juifs de Pologne et des autres pays d'Europe. On estime que 89,5 % de la population juive polonaise a ainsi été exterminée.

Photo de prisonniers juifs réduits à l'esclavage au camp de Buchenwald prise lors de la Libération, le 16 avril 1945.

À l'ouest, des politiques de discrimination sont adoptées par les Allemands et par les Gouvernements qui collaborent. On oblige les juifs à se faire recenser (ce qui facilitera ensuite les rafles et les déportations), on leur interdit de travailler dans certains secteurs considérés comme sensibles (la presse, la fonction publique, l'enseignement, les professions médicales, etc.) et de fréquenter un certain nombre de lieux publics, et on les contraint à porter un signe distinctif (l'étoile jaune).

Photo d'une rafle durant l'insurrection du ghetto de Varsovie.

Les résistants interviennent en leur fournissant des hébergements, des cachettes, de l'argent, des vêtements, des cartes d'alimentation. En outre, des laboratoires de faux papiers sont créés, des prêtres proposent de délivrer de faux certificats de baptême, et des milliers d'enfants sont accueillis par des familles non juives. Des filières d'évasion vers les pays voisins, comme la Suisse ou l'Espagne, sont également mises en place. Cette aide mobilise beaucoup de personnes, dont les Églises chrétienne, catholique et protestante, qui participent largement à cet effort de sauvetage et protestent même publiquement contre les persécutions. En juillet 1942, les évêques catholiques et les dirigeants protestants des Pays-Bas envoient au commissaire du Reich (représentant des autorités nazies aux Pays-Bas) un télégramme dénonçant « le traitement injuste et sans merci réservé aux Juifs » (DE MONTCLOS (Xavier), *Les chrétiens face au nazisme et au stalinisme. L'épreuve totalitaire 1939-1945*, Paris, Plon, 1983). Le texte est ensuite lu dans les églises et les temples. En représailles, le commissaire ordonne l'arrestation et la déportation des Juifs convertis au catholicisme et durcit les conditions de vie des Néerlandais qu'il pensait jusqu'alors pouvoir faire adhérer aux idées nazies.

Chaque résistance nationale présente des caractéristiques propres compte tenu de la situation du pays, des conditions de l'Occupation, de l'aide fournie par les Alliés, aide qui reste généralement limitée. Les Alliés ne reconnaissent en effet que très tardivement les mouvements de résistance comme une force réelle dans le combat contre l'Allemagne. Ils ont d'ailleurs souvent fait preuve de méfiance et de mépris envers ces hommes armés qui ne disposent pas de véritable légitimité. Par ailleurs, il existe des divisions au sein même des résistances nationales, entre communistes et non communistes, entre ceux qui préconisent l'action directe armée et ceux qui privilégient le renseignement, la propagande, l'évasion dans l'attente de l'intervention des troupes alliées, ce qui ne facilite guère l'action sur le terrain. En Yougoslavie, ces oppositions politiques, idéologiques et ethniques mènent à la guerre civile entre les résistants tchetniks de Draža Mihailović (militaire serbe, 1893-1946) serbes et royalistes, et les partisans de Tito (homme politique et militaire yougoslave, 1892-1980), communistes et yougoslaves.

LA RÉSISTANCE EN POLOGNE

Si la Pologne est à l'origine de la plus grande organisation de résistance clandestine, l'Armia Krajowa, c'est parce que le peuple polonais s'est révolté à plusieurs reprises durant son histoire, notamment suite aux partages de son territoire au XVIIIe siècle. Le sentiment nationaliste et patriotique y est particulièrement développé. Cette armée de l'intérieur, formée par le Gouvernement polonais en exil en France puis à Londres, a pour objectif de libérer le territoire national. Effective entre septembre 1939 et janvier 1945, elle compte entre 50 000 et 350 000 résistants répartis dans 60 branches régionales.

Malgré les difficultés qu'elle rencontre à se fournir en armes et en équipements (seules quelques dizaines de milliers de résistants sont armés), elle parvient à mettre en place un intense sabotage économique et militaire. Elle a à son actif des milliers de raids, le sabotage de centaines d'équipements ferroviaires. Elle n'hésite pas non plus à s'attaquer directement à la *Wehrmacht*. Parmi les principales opérations militaires, on peut citer l'insurrection de Varsovie, qui a eu lieu du 1er août au 2 octobre 1944. Durant cet épisode, 46 000 résistants et 200 000 civils sympathisants se sont levés contre l'occupant allemand dans le cadre du plan militaire national « *Burza* » (action « Tempête » en français) dont le but est de préserver la souveraineté du pays face à l'avancée de l'Armée rouge. Après 63 jours d'une guerre de rue féroce, l'insurrection est finalement écrasée par des régiments SS, et 18 000 résistants polonais sont tués ainsi que 150 000 civils, auxquels il faut ajouter les 25 000 blessés et les 350 000 Varsoviens encore en vie qui sont déportés. En outre, la ville est rasée à hauteur de 85 %. L'Armia Krajowa mène également une intense propagande et met sur pied un véritable réseau de renseignements.

Parallèlement à la résistance militaire, le Gouvernement polonais en exil à Londres organise et soutient financièrement une résistance culturelle. À partir de 1942, des enseignants mettent en place des groupes d'éducation clandestins, les *komplety*, afin de résister à la volonté nazie d'extermination de la culture polonaise. Près de deux millions d'élèves qui bénéficieront ainsi d'un enseignement allant du niveau primaire aux cours universitaires, et ce malgré le risque de déportation et de mort qu'encourent les professeurs et les étudiants.

LA RÉSISTANCE EN FRANCE

La France présente une particularité. Partagé entre une zone occupée par les Allemands (moitié nord et littoral atlantique) et une zone libre (moitié sud), l'ensemble du territoire français est gouverné par le maréchal Pétain qui pratique une politique de collaboration avec les nazis. En conséquence, les résistants luttent à la fois contre l'occupant allemand, mais aussi contre le régime de Vichy.

À l'origine assez peu développés, les mouvements s'étoffent et se structurent à la faveur d'événements qui entraînent et confortent l'engagement d'un plus grand nombre d'individus, tels que l'invasion de l'URSS par l'Allemagne nazie (juin 1941) qui renforce la détermination des résistants communistes, ou l'établissement du Service du travail obligatoire en France (septembre 1942) qui conduit de nombreux réfractaires à entrer en résistance pour échapper à cette mesure.

Dans les deux zones, on voit apparaître les groupes Combat, Franc-Tireur, Libération Nord, Ceux de la Résistance, le Front national de lutte pour l'indépendance de la France, pour ne citer que les plus connus – les historiens en auraient recensé 268 dont une partie reste largement inconnue. En 1943, grâce au travail de de Gaulle et de Jean Moulin, la résistance intérieure est unifiée au sein d'un Conseil national de la Résistance (CNR) qui regroupe les représentants des mouvements des deux zones, des partis politiques et des syndicats. Ce Conseil se dote d'un programme adopté le 15 mars 1945 qui comprend un plan d'action immédiate en vue de libérer le territoire et les mesures à appliquer après la Libération pour rétablir la légalité républicaine (démocratie, suffrage universel, liberté de la presse, etc.) et promouvoir de profondes réformes d'ordre économique et social.

LA RÉSISTANCE EN ALLEMAGNE

Longtemps méconnue hors d'Allemagne, la résistance intérieure au nazisme a concerné une poignée d'individus, désarmés et isolés, dans une société nazifiée où toute tentative d'opposition est réduite au silence. Dès 1933, date de l'arrivée au pouvoir d'Hitler,

700 000 Allemands considérés comme opposants au régime sont enfermés dans des camps de concentration. Ces résistants on les retrouve surtout dans les milieux communiste, socialiste et chrétien. Les Églises catholique et protestante par leur intervention vont notamment contraindre les nazis, du moins officiellement, à abandonner le programme « Aktion T4 ». Le 9 juillet 1940, le pasteur protestant Theophil Wurm (1868-1953) adresse un courrier au ministre de l'Intérieur nazi afin de condamner ce « programme de meurtre de masse illégal et immoral » (KERSHAW (Ian), *Hitler. 1936-1945*, vol. 2, Paris, Flammarion, 2008).

On peut également évoquer la Rose blanche, une organisation très active bien que le noyau soit seulement formé de cinq étudiants munichois, dont une très jeune fille, Sophie Scholl. Tous sont décapités, pour avoir écrit et diffusé des tracts destinés à éveiller la conscience collective allemande sur le régime nazi.

LA QUESTION DE LA COLLABORATION

Tout comme il existe plusieurs formes de résistance, il existe plusieurs types de collaboration. On trouve tout d'abord les collaborationnistes qui coopèrent pleinement avec l'occupant nazi, approuvent ses principes et son idéal et souhaitent sa victoire : c'est le cas de la Norvège de Quisling (ministre président du Gouvernement de collaboration norvégien, 1887-1945), de la Hongrie d'Horthy (amiral, régent du royaume de Hongrie allié de l'Allemagne, 1868-1957) ou encore de partis politiques comme celui de Léon Degrelle (homme politique belge, 1906-1994) en Wallonie. À côté de ceux-ci, on trouve les pays collaborateurs qui choisissent de coopérer militairement et économiquement avec l'occupant nazi, mais sans pour autant adhérer à tous les aspects de son idéologie, et cela afin de préserver les intérêts de leur pays. C'est le cas notamment du Gouvernement français de Vichy. D'autres, comme les Pays-Bas et la Belgique, dont les Gouvernements se sont réfugiés à Londres, pratiquent une collaboration neutre, c'est-à-dire que les administrations se résignent à travailler avec l'Allemagne car elles ne peuvent s'y contraindre, mais elles ne partagent pas les principes politiques et idéologiques du national-socialisme.

La population civile, à titre personnel, peut elle aussi choisir de se mettre au service de l'occupant, par conviction ou par ambition. Ainsi, on désigne les rapports personnels cordiaux entretenus avec des Allemands, l'envoi de lettres de dénonciation à la police ou à la Gestapo (pas moins de 2 700 lettres en moyenne par jour, en France), les chefs d'entreprises sollicitant des commandes de l'ennemi, les relations professionnelles ou amoureuses avec des militaires allemands, etc., sous l'expression « collaboration au quotidien ».

LE SAVIEZ-VOUS ?

Accusées à tort ou à raison de collaboration avec l'occupant allemand, entre 20 000 et 40 000 femmes ont été tondues en France entre 1944 et la fin 1945. Qu'il s'agisse de collaboration dite « horizontale » (celle qui regroupe les relations charnelles entre les nazis et certaines femmes) ou de collaboration plus classique (délation, espionnage, participation à diverses opérations, etc.), les coupables subissent le même châtiment humiliant : la tonte. Il s'agit de véritables mises en scène qui se déroulent sous les huées d'une foule déchaînée devant un lieu de la représentation républicaine, la mairie ou la préfecture. Les femmes pouvaient ensuite être exhibées à travers le village ou la ville. Selon les historiens 100 000 à 200 000 enfants seraient nés d'une relation entre une Française et un soldat allemand.

Photo d'une femme en train d'être tondue à Montélimar, en août 1944.

LA RÉPRESSION DE LA RÉSISTANCE

UN CHÂTIMENT SÉVÈRE

Quiconque s'engage sur la voie de la Résistance vit dans la peur constante d'être repéré, arrêté, torturé, emprisonné, déporté, ou exécuté. Mais c'est également le sort de leur organisation qui est entre les mains des résistants. En cas d'arrestation, celle-ci peut en effet tomber. Chacun doit rester sur ses gardes parce que les organisations peuvent être infiltrées par des espions nazis. En 1943, le réseau français de renseignement Alliance qui comptait 3 000 membres est infiltré par un agent de l'Abwher (service de renseignement de l'état-major allemand). Suite à cela, 1 000 personnes sont arrêtées, 413 sont déportées ou exécutées, si bien qu'on ne compte plus que 80 agents après la rafle. Dans la plupart des pays d'Europe, les actes de résistance sont rapidement réprimés par l'occupant afin de maintenir l'ordre. Deux formes d'action sont particulièrement ciblées : le renseignement et la lutte armée. Pour ce faire, les Allemands peuvent compter sur l'aide de certains Gouvernements qui ont choisi de collaborer.

À cet égard, le régime de Vichy fait le choix de la collaboration policière au-delà de ce qui est prévu par l'armistice, espérant par-là obtenir pour le pays une meilleure place dans l'Europe allemande. 113 000 policiers et gendarmes auxquels sont associés 150 000 miliciens sont mis au service des nazis dans le cadre de la répression. Cette coopération est officialisée en août 1942 par la signature des accords Oberg-Bousquet. Si, au départ, la répression est essentiellement judiciaire, la multiplication des mouvements de résistance à partir de l'été 1941 entraîne une radicalisation de la répression avec l'augmentation des arrestations et des condamnations à mort, la systématisation de la déportation judiciaire et la pratique de la politique des otages de concert avec les nazis.

Par ailleurs, une répression économique, plus insidieuse et plus redoutable encore que la répression physique en raison de sa capacité à épuiser les populations civiles, est pratiquée par l'occupant. Elle consiste à saper toute velléité de résistance civile : en suspendant le versement des salaires ou en licenciant du personnel pour mettre un terme aux grèves, ou encore en organisant la pénurie alimentaire, les populations s'épuisent peu à peu, ce qui les pousse à se focaliser entièrement sur la recherche de nourriture au lieu de mener des actions contre les envahisseurs.

DES PERTES TRAGIQUES POUR UN RÉSULTAT MITIGÉ

Lorsque s'achève la guerre en 1945, le bilan des pertes parmi les résistants est lourd. En Pologne, 100 000 hommes sont morts, tandis que 50 000 autres ont été emprisonnés dans des camps. En France, 20 000 personnes ont été tuées au combat, 30 000 ont été fusillées et plus de 60 000 ont été déportées, dont près de la moitié est morte dans les camps.

70 ans après la Libération, les avis restent partagés quant aux résultats attribués à l'action des résistants. Alors que pour les acteurs et certains historiens, le sacrifice n'a pas été vain puisqu'il a contribué à hâter la libération de l'Europe en favorisant la progression de la lourde machine de guerre via la recherche de renseignements ou l'organisation de sabotages, d'autres considèrent que le résultat de cette action doit être relativisé vu le nombre de personnes sacrifiées pour des résultats parfois maigres. Toutefois, quelle que soit l'appréciation

portée sur l'efficacité militaire de la Résistance qui ne bénéficiait pas d'un armement suffisant pour remporter des victoires, le bilan de son action politique est unanimement considéré comme positif dans deux pays. En France, les résistants participent activement à l'organisation du débarquement de Normandie, grâce notamment aux informations fournies aux Alliés sur le dispositif allemand situé le long des côtes atlantiques. Ils jouent également un rôle déterminant dans la libération de Paris. Enfin, ils parviennent à unir la population afin qu'elle ne cède pas aux tentations de guerre civile et occupent un rôle de premier plan dans le rétablissement de la République et dans le renouveau de la politique française. En Yougoslavie, les résistants communistes dirigés par Tito parviennent à libérer le pays sans le soutien des Alliés et de l'Armée rouge. Forts de cette victoire et soutenus par la population, ils mettent en place dès le mois de novembre 1945 un État communiste sous le nom de république populaire fédérative de Yougoslavie.

On peut également évoquer dans ce bilan les contacts trans-nationaux établis durant la guerre entre différents mouvements de résistance qui aboutissent, le 20 mai 1944, à l'adoption à Genève d'un Manifeste de la Résistance européenne. Ce texte réclame la création d'une union fédérative entre les peuples européens. Son but est de garantir la paix et de permettre la reconstruction économique en mettant fin aux nationalismes et au protectionnisme d'avant-guerre. Malheureusement, ce manifeste n'aura concrètement aucune suite.

Il n'en reste pas moins que ces hommes et ces femmes qui se sont battus pour tenter de mettre un terme aux nombreuses injustices apparues lors de l'Occupation ainsi qu'à la barbarie dont ont fait preuve les nazis, peuvent être considérés comme de véritables héros

- Le 1er septembre 1939, l'Allemagne envahit la Pologne, ce qui provoque l'entrée en guerre de la France et du Royaume-Uni contre les pays de l'Axe.
- Durant les premiers mois de la guerre, l'armée allemande semble invincible. Elle envahit le Danemark, la Norvège, le Luxembourg, la Belgique, les Pays-Bas, la France, l'Égypte, la Yougoslavie, la Grèce, avant de se retourner contre son allié, l'Union soviétique.
- Les pays envahis sont alors occupés par les Allemands qui imposent à la population des conditions de vie particulièrement difficiles marquées par les pénuries et la peur.
- Les Gouvernements de ces pays ont alors deux choix : la collaboration avec l'ennemi, ce qu'a choisi Pétain, ou la résistance.
- Très tôt, on voit naître à travers l'Europe différentes formes de résistance civile ou organisée en réseaux qui vont s'unifier au fil du temps sous l'impulsion de personnalités charismatiques telles que Charles de Gaulle et Jean Moulin pour la France.
- Leur action, qu'elle soit individuelle ou qu'elle prenne la forme de rassemblements populaires, qu'elle soit humanitaire ou qu'elle passe par l'enseignement ou la lutte armée, les expose à une répression féroce de la part de l'occupant allemand et des Gouvernements de collaboration.
- Quiconque s'engage sur la voie de la Résistance vit dans la peur constante d'être repéré, arrêté, torturé, emprisonné, déporté ou exécuté, mais aussi de faire tomber son réseau.
- Aujourd'hui encore, les avis restent partagés quant aux résultats attribués à l'action des résistants. Si, pour certains, ils ont participé au succès de plusieurs actions menées par les Alliés et ont permis le rétablissement des valeurs démocratiques,

pour d'autres, les pertes encourues sont beaucoup trop impor-
tantes pour les faibles répercussions des actions. Il n'en reste pas
moins que ces personnes se sont battues au péril de leur vie pour
sauvegarder la liberté.

POUR ALLER PLUS LOIN

SOURCES BIBLIOGRAPHIQUES

- « 1940-1944. La Seconde Guerre mondiale : l'appel du 18 juin », in *Charles-de-Gaulle.org*, consulté le 25 avril 2015.
- BÉDARIDA (François), « L'histoire de la Résistance. Lectures d'hier, chantiers de demain », in *Vingtième Siècle*, Paris, juillet-septembre 1986.
- BURRIN (Philippe), *La France à l'heure allemande. 1940-1944*, Paris, Seuil, coll. « Points Histoire », 1997.
- DE ROCHEBRUNE (Renaud) et HAZERA (Jean-Claude), *Les patrons sous l'occupation*, Paris, Odile Jacob, 1995.
- DOUZOU (Laurent), *La Résistance. Une morale en action*, Paris, Gallimard, coll. « Découvertes », 2010.
- DURAND (Yves), *Histoire générale de la Seconde Guerre mondiale*, Bruxelles, Complexe, 1997.
- JACQUEMYNS (Guillaume) et STRUYE (Paul), *La Belgique sous l'occupation allemande (1940-1944)*, Bruxelles, Complexe, 2002.
- MICHEL (Henri), *La guerre de l'ombre. La Résistance en Europe*, Paris, Grasset, 1970.
- RINGS (Werner), *Life With the Enemy: Collaboration and Resistance in Hitler's Europe 1939-1945*, London, Weidenfeld and Nicolson, 1982.
- ROUSSO (Henri), *Les années noires. Vivre sous l'occupation*, Paris, Gallimard, coll. « Découvertes », 1992.
- SEMELIN (Jacques), *Sans armes face à Hitler. La résistance civile en Europe. 1939-1943*, Paris, Payot, 1998.
- WYRWA (Tadeusz), *La Résistance polonaise et la politique en Europe*, Paris, Éditions France Empire, 1983.

SOURCES ICONOGRAPHIQUES

- Photo de troupes allemandes entrant à Prague en 1939. La photo reproduite est réputée libre de droits.
- L'appel du 18 juin. La photo reproduite est réputée libre de droits.
- Photo du retour triomphal de de Gaulle à Paris, le 26 août. La photo reproduite est réputée libre de droits.
- Avis annonçant les mesures prises pour mettre un terme à cette campagne de résistance dans le district Rouge Bouillon, le 1er juillet 1941. La photo reproduite est réputée libre de droits.
- Photo de prisonniers juifs réduits à l'esclavage au camp de Buchenwald prise lors de la Libération, le 16 avril 1945. La photo reproduite est réputée libre de droits.
- Photo d'une rafle durant l'insurrection du ghetto de Varsovie. La photo reproduite est réputée libre de droits.
- Photo d'une femme en train d'être tondue à Montélimar, en août 1944. La photo reproduite est réputée libre de droits.

50MINUTES

Art & Littérature

Business & Economics

Histoire & Société

SOYEZ LÀ
OÙ ON NE VOUS ATTEND PAS !

www.50minutes.com

www.50minutes.com

Éditeur responsable : Lemaitre Publishing
Rue Lemaitre 6 | BE-5000 Namur
info@lemaitre-editions.com

ISBN ebook : 978-2-8062-6662-0
ISBN papier : 978-2-8062-6663-7
Dépôt légal : D/2015/12603/286
Photo de couverture : © US Army

Conception numérique : Primento,
le partenaire numérique des éditeurs